ぜんぶ

卵レシピ

重信初江

卵 は自由自在！

卵料理というと、なにを思い浮かべますか？

たっぷりのバターで焼いたオムレツ、黄身がトロリとあふれる目玉焼き、だしと卵がやさしい風味の茶碗蒸し。あつあつご飯にぱとんと卵を落とすだけでも、立派な一品になります。

卵料理にはルールはありません。味つけもご飯に合う少し濃いめの料理から、甘いデザートまで様々。調理法も、焼く、煮る、蒸す、揚げる、何でもOKの変幻自在の食材です。逆に方法がありすぎて、迷ってしまうこともあるでしょう。そんなときこそ、この本を役立ててください。超簡単なスピードレシピから、お酒がすすむおつな味まで、卵の魅力を生かしたレシピばかり。さあ、卵を思う存分味わいましょう。

2

卵 の 三 大 特 性

混ぜると泡立つ！
起泡性

卵を混ぜると泡立つのは、たんぱく質の特性を生かしたもの。特に卵白は泡立ちがよく、お菓子作りなどで役に立ちます。

熱を加えると固まる！
凝固性

卵に含まれるたんぱく質には、熱を加えると固まる特性があるので、目玉焼きやゆで卵、茶碗蒸しなどができるのです。

混ざり合わない食材のつなぎ役！
乳化性

卵黄に含まれるレシチンは、水と油のように混ざり合わない食材のつなぎ役になって一体化させてくれます。マヨネーズは、この特性を生かしています。

もくじ

6

本書のきまり

【レシピの分量・材料】
- ●鶏卵は、Lサイズを使用しています。
- ●材料のグラム数は、皮や種を除いた分量です。皮つきのまま調理する場合は、皮も含んだ分量です。
- ●計量には、計量スプーンと計量カップを使っています。小さじ1＝5㎖、大さじ1＝15㎖、1カップ＝200㎖です（㎖＝cc）。
- ●ごはんの量は、茶碗1杯分＝150g、丼1杯分＝200〜250gです。
- ●塩は精製塩、しょうゆは濃口しょうゆ、砂糖は上白糖、酢は穀物酢を使用しています。

【調理器具】
- ●フライパンは、フッ素樹脂加工のものを使用しています。
- ●電子レンジの加熱時間は、600Wを基準にしています。500Wの場合は加熱時間を1.2倍にしてください。

まず知っておきたい！
卵のいろは

知っているようで、実はあまり知らない卵。
まずは卵の基本について、学びましょう。

取材／JA全農たまご

卵の種類

卵は赤玉や青玉など、いろんな種類があります。ここではスーパーなどで目にすることの多い、主な種類を紹介します。

殻の色

白、茶色がポピュラーで、ほかにも薄青や、ピンクの殻もあります。殻の色の違いは、親鶏の種類によるもので、味や栄養はほぼ同じです。

白玉（しろだま）

白色レグホン種など、白い羽をもつ種類の親鶏が産む卵。卵を多く産む鶏なので、日本ではこの卵が主流。

赤玉（あかだま）

ボリスブラウンなど、茶色の羽をもつ種類の親鶏が産む卵。殻は赤みがかった茶色で、白玉より密度が高く固い。

青玉（あおだま）

アローカナというチリ原産の鶏が産む卵。親鶏の羽の色は白いが、殻は薄青色。中身の色や栄養は、ほかの卵と同じ。

作り手の顔が見えるたまご／
JA全農たまご

こだわり卵「翡翠」／
アクアファーム秩父

実りの赤たまご／
JA全農たまご

10

特殊卵

卵の味や栄養は、鶏の飼料や飼育方法で決まります。その特性を生かし、ビタミンやミネラルなどを加えた飼料を与え、栄養を強化したり、味に特徴をつけた卵を特殊卵といいます。

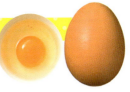

ヨード卵・光（日本農産工業）

1976年発売の日本初の特殊卵。良質な白身魚の魚粉や海藻粉末などを加えたこだわりの飼料を使用。

森のたまご（イセ食品）

飼料に魚油やパプリカなどを加え、必須脂肪酸のDHA（ドコサヘキサエン酸）とビタミンEを強化。コクのある味わいに。

とくたま（JA全農たまご）

ご飯と相性のよい卵を目指し、飼料に糖蜜、魚粉、米油を絶妙なバランスでブレンド。

その他鳥卵

食用卵といえば鶏が産む鶏卵が主流。ほかにうずらの卵やアヒル、烏骨鶏の卵なども食べられています。ちなみに、中国料理の食材、ピータンは、アヒルの卵の加工品です。

烏骨鶏の卵／松本ファーム

鶉卵（うずら卵）

小さいながら鶏卵を同量食べた場合と比べ、ビタミンB12などの含有量が多く、コレステロール含有量も上がる。

卵かけごはん用うずら卵／室蘭うずら園

烏骨鶏卵

烏骨鶏は東アジア原産の鶏の一種で、皮膚や内臓、骨まで黒い。卵のサイズは鶏卵よりも一回り小さく、産卵数が少ないので高価。

まず知っておきたい！
卵のいろは

殻と期限表示を見て買う

卵は洗浄してパック詰めされていますが、まれに汚れがついていることも。また、ヒビが入り中身が空気に触れると、すぐに悪くなります。汚れやヒビは必ずチェックして買いましょう。また、賞味期限は生で食べられる期限です。表示を見て、食べきれる量を購入しましょう。

鮮度は濃厚卵白で判断する

白身には、濃厚卵白と水様卵白があります。卵の鮮度を見極めるときは、濃厚卵白をチェック。量が多く、プリッと盛り上がっていれば、新鮮な証拠です。時間が経つと、濃厚卵白と水様卵白が一体化し、黄身も白身も全体的に平たい印象になります。

※白身の構造については、p.154を参照。

卵黄

濃厚卵白

水様卵白

12

卵は鮮度で使い分ける

「新鮮な卵＝おいしい」とは言いきれません。ゆで卵の場合、時間の経った卵で作ると、なめらかな食感になり、殻もきれいにむけます。一方、白身の弾力を味わうなら新鮮な卵。卵かけご飯などで白身の食感を楽しみたい場合や、鮮度にこだわるなら新鮮な卵を使って。

ゆで卵には、
購入後1週間の卵がオススメ！

弾力を味わうなら
新鮮な卵がオススメ！

卵の保存法

買ったらすぐに冷蔵庫へ

買った卵を常温で放置すると、店頭との温度変化で表面が濡れ、雑菌が増殖しやすくなります。速やかに冷蔵庫へ。調理のときに常温に戻す場合も、濡れたら拭き取りましょう。

ドアポケットには入れない

冷蔵庫のドアポケットは開閉が多いので、振動で卵が傷ついてしまう場合も。内側の棚で保存しましょう。

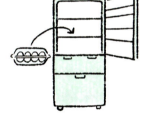

卵を割るのは使う直前に

卵は使う直前に割りましょう。殻から取り出した卵は、菌が繁殖しやすい状態。冷蔵庫で保存しても、菌は繁殖します。

丸みがあるほうを上へ

卵の丸みがあるほうを上にすると、卵が呼吸できる状態になって長もちします。卵のパックの、ラベルを上にして保存すればOKです。

上

下

目玉焼き

材料
卵……1個
サラダ油……小さじ1

ボウルに割る
ひと手間で、フライパンに
殻が入らない！

1 卵を器に割り入れる

卵を小さめの器に割り入れる。

2 フライパンに静かに入れる

フライパンにサラダ油を入れ、強めの中火で熱し、1を静かに入れる。

卵料理の基本といえば
「目玉焼き」「ゆで卵」「オムレツ」「温泉卵」。
まずは、この4つのレシピのじょうずな作り方をマスターしましょう！

③ 好みの固さに焼く

○ふたをしないで焼く

そのまま中火で、4〜
5分、好みの固さにな
るまで焼く。

○ふたをして焼く

水大さじ4を入れてふ
たをし、好みの固さに
なるまで3〜4分、蒸
し焼きにする。

ゆで卵

材料
常温に戻した卵……3～5個
酢……大さじ1
塩……小さじ1/3

卵を常温に
戻しておくと、
ゆでるときに殻に
ヒビが入りにくい！

1 水に酢と塩、卵を入れる

鍋に水4～5カップ、酢、塩を
入れて混ぜ、卵を入れる。水は、
卵が完全に浸るまで、適宜足す。

★酢を入れると卵にヒビが入って
も中身が固まり出てきません。

2 煮立つまで上下を返す

鍋を中火にかける。水が煮立つ
間、箸で時々、卵の上下を返し
ながらゆでる。

★このひと手間で、黄身が中央にあ
るきれいなゆで卵に。

3 好みの固さにゆでる

煮立ったら弱火にして、ゆでる。
半熟は4分、少しやわらかめの
固ゆでは6分、固ゆでなら10分。

④ 冷水の中で殻をむく

ゆで上がったら素早く冷水にとり、水の中で殻をむく。

時間別のゆで上がり

半熟

ゆで時間
4分

やわらかめの
固ゆで

ゆで時間
6分

固ゆで

ゆで時間
10分

卵の固さは好みでチョイスしてOK！

オムレツ

材料
卵……3個
牛乳……大さじ2
塩……少々
こしょう……少々
バター（有塩）……10g

ここでは
直径16cmの
フライパンで
作るよ！

1 牛乳、塩、こしょう、卵を溶く

ボウルに牛乳、塩、こしょうを入れて軽く混ぜ、卵を加えて溶きほぐす。
★牛乳と塩、こしょうを混ぜてから卵と合わせると、全体がしっかりなじみます。

2 半熟状に焼き、奥に寄せる

直径16cmのフライパンにバターを入れて中火で温め、❶の卵液を流し入れて大きく混ぜる。半熟状になったらフライパンの奥に寄せ、オムレツの形にして約30秒焼く。

18

③ 上下を返して皿に盛る

フライパンの柄を逆手で持ち、上下を返すようにして皿に盛る。このとき、皿を斜めにしてフライパンに近づけると、卵がのせやすい。

④ 形を整える

オムレツに濡らしたペーパータオルをかぶせて、手早く形を整える。

ふわふわ～

温泉卵

材料
常温に戻した卵……3〜4個
酢……大さじ1
塩……小さじ⅓

1 湯に酢、塩、水を入れる

厚手の鍋に水5カップを入れて強
火にかけ、沸騰したら火を止め、
酢と塩を加えて混ぜる。水1カッ
プを注ぎ入れ、湯の温度を下げる。

2 ふたをして卵を蒸らす

卵を静かに入れてふたをし、11〜
12分蒸らす（薄手の鍋の場合は
プラス1〜2分）。ボウルなどに取
り出してそのまま3〜4分おき、
余熱でさらに火を通す。

保存するときは
冷ましてから
殻のまま冷蔵庫へ

わたしの好きな卵レシピ

いつもそばにある
身近な食材

卵の調理法は多種多様。定番料理も、たくさんあります。それは、卵がどの家庭でも常備されている食材だからではないでしょうか。

ここで紹介するのは、わたしのレシピの中でも、特別な味のものばかり。子どもの頃からの思い出の味や、手軽でよく作るスピードレシピ、作る工程が好きな料理まで、思い入れのある料理を集めてみました。

数ある卵料理から厳選した、わたしのお気に入りの7品。ぜひお試しあれ。

ひき肉オムレツ
→ p.24

大阪・鶴橋の
コリアンタウンの
名物をイメージ!

**鶴橋風
キムチタルタル
サンドイッチ** → p.26

ときたま無性に
食べたくなる、
昔懐かしい味

ササッと作れて
便利な、
わたしの大定番

**重信家の
茶碗蒸し**
➡ p.28

母から
受け継いだ味、
かにかまがポイント！

目玉焼きにらしょうゆ丼
➡ p.32

意識してなくても、
気づけばそこに
ある食材。それが卵！

調理学校時代に
習って以来、
ずっと作り続けてる

スワンラータン
酸辣湯
➡ p.30

小えびフライ
というか、タルタルを
食べるって感じ！

**スパニッシュ
オムレツ**
➡ p.36

ただただ単純に
好きな味。具材は
シンプルなほうが好み

**小えびフライの
タルタル添え** ➡ p.34

濃い味のひき肉と卵の組み合わせは絶妙な味加減！

ひき肉オムレツ

材料◎1人分
卵……2個
サラダ油……適量
玉ねぎ(みじん切り)……⅙個分(30g)
にんじん(みじん切り)……20g
合いびき肉……80g
A[トマトケチャップ大さじ1、しょうゆ小さじ1、
　　塩少々、こしょう少々]
塩……少々
こしょう……少々

1 フライパンにサラダ油小さじ½、玉ねぎ、にんじんを入れて中火にかけ、しんなりするまで2〜3分炒める。ひき肉を加え、ほぐれるまでさらに約2分炒める。

2 1をAで調味し、ボウルに取り出す。

3 別のボウルに卵を割り入れ、塩、こしょうを加えて溶きほぐす。

4 フライパンを洗い、サラダ油小さじ1を中火で熱し、3の卵を流し入れる。大きく混ぜて半熟状になったら、手前半分に2をのせて、卵の底に焼き色がつくまで約1分焼き、向こう側から卵をかぶせる。

ケチャップをかけても、ピーマンを足してもおいしい！

卵とマヨであえればキムチがマイルドに！

鶴橋風キムチタルタルサンドイッチ

材料◎１人分

ゆで卵（→p.16「固ゆで10分」／粗みじん切り）……２個分

きゅうり（斜め薄切り）……½本分

塩……小さじ¼

白菜キムチ（粗く刻む）……40g

マヨネーズ……大さじ２

食パン（8枚切り）……２枚

1 きゅうりは塩をふり、約５分おく。しんなりしたら水気を絞る。
　★きゅうりは薄切りにすると、ほかの具材となじみやすくなります。

2 ボウルにキムチ、ゆで卵、マヨネーズを入れてあえる。

3 食パン１枚の上に **2**、**1** の順にのせて、もう１枚の食パンではさむ。半分に切る。

キムチの塩分は
商品によって違うので、
味をみて調節を！

かにかま、鶏肉、しいたけの旨みがたっぷり

重信家の茶碗蒸し

かにかまを入れるのが母の味だったな……

材料◎2人分

卵……1個

鶏むね肉（小さく切る）……50g（約¼枚分）

しょうゆ……少々

かに風味かまぼこ（斜め半分に切る）……4本分

しいたけ（4等分に切る）……1枚分

A［ だし汁※180㎖、しょうゆ小さじ½、塩小さじ¼、
みりん大さじ1 ］

三つ葉の葉……適量

※だし汁⇒水1カップにかつお節10gでとっただしを使用。顆粒だしでもOK。

1 鶏肉にしょうゆをからめる。

2 器2個に **1** の鶏肉とかに風味かまぼこ、しいたけを等分に入れる。

3 ボウルに **A** を入れて混ぜ、卵を割り入れる。全体に溶き混ぜ、茶こしでこして、**2** の器に注ぎ入れる。

4 アルミ箔の中央に人差し指で穴を開けてふたを作り、器にかぶせて電子レンジで3～5分加熱する。固まったら約3分おき、余熱で中まで火を通す。

★器によって火の入り具合に差が出るので、2分加熱したら1回混ぜ、具材の位置を整え、あとは約20秒ずつ加熱し、様子を見ながら調節します。

5 ふたをはずし、三つ葉をのせる。

電子レンジで作るとすが入りやすいので、こまめにチェックしましょう

酸味のあるとろとろスープに、ふんわり卵が心地よい

酸辣湯
（スワンラータン）

材料◎２人分

溶き卵……１個分

A[水２カップ、片栗粉大さじ½、鶏がらスープの素小さじ１、
　　しょうゆ小さじ１、塩小さじ⅓]

ミニトマト（へたを取って半分に切る）……５個分

えのきだけ（根元を切り落とし、半分に切ってほぐす）……50g

長ねぎ（３㎝長さのせん切り）……⅓本分

酢……大さじ１ ½

パクチー（葉のみを使用）……１〜２本分

B[ラー油少々、粗びき黒こしょう少々]

1 鍋に A を入れて中火にかけ、とろみがつくまで混ぜる。ミニトマト、えのきだけ、長ねぎを加え、煮立ったら溶き卵を流し入れる。

2 火を止め、酢を入れて混ぜ合わせたら器に盛る。パクチーを散らして B をふる。

ラーメンを入れてもGood！

パンチのあるにらしょうゆが半熟卵によくからむ

目玉焼き
にらしょうゆ丼

材料◎１人分
卵……２個
にら(小口切り)……20g(1〜2本分)
A [しょうゆ大さじ１、ごま油小さじ１、砂糖小さじ１、
　　　おろしにんにく小さじ⅓、一味唐辛子小さじ⅓]
サラダ油……小さじ１
温かいご飯……丼１杯分

1 ボウルににら、Aを入れて混ぜ、タレを作る。

2 フライパンにサラダ油を中火で熱し、目玉焼きを作る(→p.14
「ふたなし」)。

3 器にご飯を盛り、2をのせて1のタレをかける。

時間がなくても、
10分以内に作れる
忙しい人の強い味方です!

卵たっぷりのタルタルソースが口の中に広がる

小えびフライの
タルタル添え

材料◎2人分

ゆで卵（→p.16「固ゆで10分」／粗みじん切り）……3個分

A［ マヨネーズ大さじ4、玉ねぎのみじん切り大さじ3、
　　　ピクルスのみじん切り大さじ2、酢小さじ1、塩少々、
　　　こしょう少々 ］

B［ 薄力粉大さじ1½、白ワイン（または水）大さじ1、塩少々、
　　　こしょう少々 ］

むきえび（背わたを取り除く）……120g

パン粉……適量

揚げ油（サラダ油）……フライパン1cm分

サラダ菜……適量（あれば）

1 ボウルにゆで卵とAを入れて混ぜる。

2 Bを混ぜ合わせてえびにからめ、パン粉をまぶしつける。

3 フライパンで揚げ油を中火で熱し、菜箸を入れて細かい泡が出たら、2を入れて薄いきつね色になるまで2〜3分揚げて油をきる。

4 器にサラダ菜を敷き、3を盛る。上から1をたっぷりかける。

タルタルソースを
作るなら、
たっぷり作って
たっぷり食べたーい

厚みのあるふわふわ卵を楽しめる

スパニッシュ オムレツ

材料◎3〜4人分（直径16cmのフライパン1台分）

溶き卵……5個分

じゃがいも……大1個（200g）

オリーブオイル……大さじ2

A [塩小さじ1/2、おろしにんにく小さじ1/3、こしょう少々]

1 じゃがいもは皮つきのままラップに包み、電子レンジで2分、上下を返してさらに1分加熱する。じゃがいもの皮をむき、2〜3mm厚さの半月切りにする。

★じゃがいもは熱いので、ペーパータオルで包みながらむきましょう。

2 フライパンにオリーブオイルを中火で熱し、**1**を入れて約1分炒め、**A**を加えて混ぜる。溶き卵を流し入れて大きく混ぜ、半熟状になったら卵の底に焼き色がつくまで2〜3分焼く。上下を返し、さらに2〜3分焼く。取り出して、食べやすい大きさに切る。

★上下を返すときは、皿に一度取り出してから戻すと、うまく返せます。

生のじゃがい芋を
使うと時間がかかるので、
わたしはこのやり方！

作りおきの卵レシピ

ゆで卵を煮汁に漬けるだけの簡単作りおき料理をご紹介。
いつでもおいしい卵が食べられます！

半熟の黄身に
甘い味つけがベストマッチ！

煮卵

材料◎作りやすい分量
卵……5個
A [水1カップ、しょうゆ½カップ、
　　砂糖大さじ2、酒大さじ2]

1 Aを火にかけて煮立て、粗熱をとる。

2 卵をゆで（→p.16「半熟4分」）、殻をむく。
★煮汁に漬ける直前にゆで卵を作ることで、煮汁が染み込み
やすくなります。

3 2がまだほんのり温かいうちに1に漬ける。このと
き卵が煮汁から出るようなら、ペーパータオルをか
ぶせる。粗熱がとれたら冷蔵庫に入れる。約3時間
後から食べられる。

ラーメンやサラダに
添えてもOK！
お弁当にもオススメ。

ピリッとした
スパイスの風味がアクセント

うずら卵の
カレーピクルス

材料◎10個分
うずら卵の水煮（市販）……10個
赤パプリカ（小さめのダイヤ形に切る）……½個分
セロリ（筋を取って2㎝長さの棒状に切る）……⅓本分
A [ローリエの葉1枚、水1カップ、酢⅓カップ、
　　砂糖大さじ½、カレー粉大さじ½、塩小さじ1]

1 ボウルにうずら卵の水煮、パプリカ、セロリを入れる。

2 小鍋にAを合わせて煮立て、1に注ぎ入れ、そのまま漬ける。冷めたら食べられる。

★ビンに保存しておくと、見た目もかわいらしくなります。

保存期間　冷蔵庫で4~5日

濃厚なうずらの味に、
さっぱりした
パプリカとセロリがいい！
食べすぎ注意！

常に冷蔵庫にあって
アレンジしやすいのが魅力

　小学生のとき、うずらの卵で目玉焼きを作るのが好きでした。小さいところがかわいくて。大人になって料理の仕事についたいま、卵は常に冷蔵庫にあります。といっても、プライベートでは、撮影で使い切れなかった卵を使うことがほとんど。撮影用には、色がよく料理映えするメーカーの卵を選んでいますが、たいていは10個入りなので毎回使い切れないから、自分用に卵を買うことは、めったにありません。でも、逆に考えるとどの撮影でも卵を使っているってこと。このことからも卵はすごく身近な食材ということがわかります。

　卵は料理の軌道修正にも活用しますよ。料理の味つけがしょっぱくなってしまうことって、あるじゃないですか。そんなとき、卵をちょい足しするんです。溶き卵にして入れたり、別で炒り卵を作って混ぜたり、目玉焼きをのせたり……。ミートソースやカレー、炒め物なんかにも合いますよ。卵自体がいろんな食べ方があるので、ちょい足しの方法はそのときの気分で選んでいます。常にある食材だから、わざわざ買いに行く必要もないですね。

Part 2

卵
＋もう一品で
お手軽レシピ

どんな食材もOK！卵との組み合わせは無限大

ハッキリ言って、卵と合わない食材はほぼありません。どんな食材ともマッチして、調理法も様々なので、がっつり系のメインディッシュから甘いデザートまで、数々の料理があります。卵のキャパシティは無限大です。

そんな、星の数ほどある卵と合う食材の中から、特に卵と合わせるとおいしい食材や調理法を紹介します。卵のほかに出てくる主材料は、1つだけ。手軽なのにおいしい！ 作らない手はないですね。

44

卵に合わせる **オススメ食材** はこれ！

にら

赤パプリカ

牛薄切り肉

にら玉
➡ p.52

赤パプリカの
目玉焼き ➡ p.50

ゆで卵の
肉巻き照り焼き ➡ p.48

卵に合わせるオススメ食材はこれ！

にんじん

ゆで卵と塩もみ
にんじんのサラダ
➡ p.54

カマンベール
チーズ

カマンベールと
黒こしょうのオムレツ
➡ p.56

トマト

トマト卵炒め
➡ p.58

お好みの
食材を
組み合わせて！

46

パクチーと食べる
揚げ卵
➡ p.60

パクチー

卵の巾着煮 ➡ p.62

油揚げ

絹さや

絹さやの卵とじ
➡ p.64

鶏むね肉

鶏むね肉のピカタ
➡ p.66

甘じょっぱい牛肉とまろやかな卵がよいバランス

ゆで卵の肉巻き照り焼き

牛薄切り肉

材料◎1〜2人分
ゆで卵(→p.16「固ゆで10分」)……2個
牛薄切り肉……2枚
ごま油……小さじ1
A[酒大さじ1、しょうゆ小さじ1、砂糖小さじ½]

1 牛肉1枚を広げ、ゆで卵1個に巻きつける。もう1個も同様にする。

2 フライパンにごま油を中火で熱し、**1**の巻き終わりを下にして並べ入れ、時々向きを変えながら、全体に少し焼き色がつくまで3〜4分焼く。
★肉の巻き終わりを下にして焼きつけると、肉がはがれません。

3 フライパンの脂をペーパータオルで拭き取ってから、Aを混ぜ合わせて加える。**2**を転がしながら、肉の表面に照りが出て、汁気がほぼなくなるまで1〜2分煮からめる。

誰かに見せたくなるかわいらしさ！

赤パプリカの目玉焼き

＋
赤パプリカ

材料◎2人分
卵……2個
オリーブオイル……小さじ1
赤パプリカ（1cm厚さの輪切り）……2切れ分
塩……少々
こしょう……少々

1 フライパンにオリーブオイルを中火で熱し、パプリカを並べ入れ、卵を1個ずつ割り入れる。

2 水大さじ2を加えてふたをし、3〜4分、好みの固さになるまで蒸し焼きにする。器に盛り、塩、こしょうをふる。

黄パプリカと
2色で作ると、
かわいらしさが
さらにアップ！

卵をしっかりと焼いた、ちょっと居酒屋風

にら玉

材料◎1〜2人分

卵……3個

塩……少々

こしょう……少々

ごま油……大さじ½

にら（3㎝長さに切る）……30g（⅓束分）

しょうゆ……小さじ1

1 ボウルに卵を割り入れ、塩、こしょうを加えて、溶きほぐす。

2 フライパンにごま油を熱し、にらを入れ強めの中火でサッと炒め、1を流し入れる。大きくかき混ぜながら火を通し、半熟状になったら、約10秒おいて卵の底に焼き目をつける。
★溶き卵は、にらの色が変わってきたら、すぐに入れます。

3 器に盛り、しょうゆをたらす。

卵の焼き加減は、その日の気分や好みでアレンジして！

酢をきかせたさっぱり味！

ゆで卵と塩もみにんじんのサラダ

材料◎１人分

ゆで卵（→p.16「固ゆで10分」／大きめのざく切り）……１個分

にんじん（ピーラーでリボン状にむく）……½本分（約70g）

塩……ひとつまみ

A［ オリーブオイル小さじ１、酢小さじ１、こしょう少々 ］

1 にんじんは塩をまぶして軽くもみ、５分ほどおき、水気を絞る。

2 ゆで卵と**1**を合わせ、**A**を加えて軽くあえる。

> ピーラーで
> リボン状にむくワザは、
> きゅうりや大根にも
> 使えます！

定番の料理がいきなりグレードアップ！

カマンベールと 黒こしょうの**オムレツ**

材料◎１人分

卵……2個

A [牛乳大さじ１、塩少々、黒こしょう少々]

カマンベールチーズ（一口大にちぎる）

　　……50g（切れているタイプは3個分）

バター（有塩）……10g

1 ボウルに卵を割り入れて溶き、**A** を入れてサッと混ぜ、カマンベールチーズを加えてひと混ぜする。

2 フライパンにバターを入れて中火で温め、**1** を流し入れる。大きくかき混ぜながら焼き、半熟状になってきたらフライパンの奥に寄せてオムレツの形に整える。

★オムレツの形の整え方はp.18〜19参照。

カマンベールチーズは、
ラフに手でちぎれば、
包丁いらず！

卵の甘みとトマトの酸味はベストマッチ

トマト卵炒め

材料◎ 1～2人分

卵……3個

ナンプラー……小さじ½

こしょう……少々

サラダ油……適量

トマト(乱切り)……1個分

A [砂糖ひとつまみ、ナンプラー小さじ1、こしょう少々]

1 ボウルに卵を割り入れ、ナンプラー、こしょうを加えて溶き混ぜる。

2 フライパンにサラダ油大さじ½を中火で熱し、**1**を流し入れ、大きくゆっくりかき混ぜながら、半熟状になったらいったん取り出す。

★卵はもう一度炒めるので、ここでは半熟の状態で取り出します。

3 フライパンをペーパータオルでサッと拭き、サラダ油小さじ1を熱し、トマトを入れて強めの中火で炒める。やわらかくなってきたら**A**で調味し、**2**を戻してひと混ぜする。

ナンプラーは、卵液に混ざりやすい!

カリッと香ばしい白身が楽しめる！

パクチーと食べる揚げ卵

材料◎１人分
卵……２個
パクチー（２㎝長さに切る）……30g
サラダ油……大さじ２
スイートチリソース……適量

1 パクチーを器に盛る。

2 サラダ油を中火で熱し、卵を静かに割り入れ、約３分揚げ焼きにする。白身の縁が色づいたら静かに上下を返し、さらに１〜２分揚げ焼きにする。

3 **2**の油をきって**1**にのせ、スイートチリソースをかける。

多めの油で
揚げ焼きにすると白身が
チリチリ、カリカリに！

めんつゆの旨みを吸った油揚げから
卵が顔を出す！

卵の巾着煮

+
油揚げ

材料◎1〜2人分
卵……2個
油揚げ（半分に切る）……1枚分
A [水 ¾ カップ、めんつゆ（3倍濃縮）大さじ 1½]

1 油揚げの切り口に、菜箸を置いて強めに転がし、口を手で開き、袋状にする。

2 1に卵を1個ずつ割り入れ、口を楊枝で縫うようにしてとめる。

3 小さめの鍋にAを煮立てて2を重ならないように入れる。再び煮立ったら弱火にして約5分煮て、上下を返してさらに2〜3分煮る。

★巾着が煮汁に浸らず、顔を出す場合は、落としぶたをしましょう（アルミ箔を鍋の大きさにカットし、丸い形に折りたたみ、中央に指で穴をあけたもので代用できます）。味を含みやすくなります。

めんつゆだと、
簡単に味が決まる！

絹さやの卵とじ

材料◎1〜2人分
溶き卵……2個分
A [水½カップ、めんつゆ(3倍濃縮)大さじ1⅓]
絹さや(筋を取る)……30g

1 小さめのフライパンにAを煮立てる。

2 絹さやを入れ、ひと混ぜしたらすぐに溶き卵を流し入れ、好みの固さまで煮る。

卵は余熱でも固まるので、煮すぎないように注意して

卵液をたっぷりからめてふわっと仕上げます

鶏むね肉のピカタ

材料◎１人分

卵……１個

A [粉チーズ小さじ１、塩少々、こしょう少々、
　　バジル（ドライの粉末）少々]

サラダ油……大さじ½

鶏むね肉（大きめのそぎ切り）……100g（½枚分）

薄力粉……大さじ½

トマトケチャップ……適量

1 ボウルに卵を割り入れ、**A** を加えて溶き混ぜる。

2 フライパンにサラダ油を熱し、鶏肉に薄力粉を薄くまぶし、**1**にくぐらせて並べ入れる。弱めの中火で１分焼き、上下を返したらすぐ、残りの卵液にくぐらせ、再びフライパンに並べて同様に焼く。卵液がなくなるまでこれを繰り返し、中に火が通るまでさらに２〜３分焼く。

3 器に盛り、トマトケチャップを添える。

鶏むね肉のほかに、
むきえびもオススメ！

ほめられ おもてなし レシピ

わたしが卵料理でおもてなしするときは、
もっぱらこの2品。見た目も華やかだから、
お友達に好評です。

その1

ゆで卵入り ミートローフ

専用のミートローフ型がなくても
ホーローバットで作れるので、とっても簡単。
しかも底が浅いので、火の通りがよく、
焼き時間も短くてすみます。

※作り方はp.70

●ゆで卵入りミートローフ

材料◎4～5人分（18×24cmのホーローバット1つ分）

ゆで卵（→p.16「固ゆで10分」）……5個

サラダ油……適量

玉ねぎ（みじん切り）……½個分

A［ 卵1個、パン粉⅓カップ、塩小さじ½、
　　こしょう少々、ナツメグ少々 ］

合いびき肉……600g

赤・黄パプリカ（5mm角に切る）……合わせて½個分

ズッキーニ（5mm角に切る）……½個分

トマトケチャップ……適宜

1 フライパンにサラダ油大さじ½を熱し、玉ねぎを入れて、中火でしんなりするまで3～4分炒め、バットに広げて冷ます。

2 ボウルにひき肉、1、Aを入れてよく混ぜ、パプリカとズッキーニを加えて混ぜ合わせる。

ひき肉、玉ねぎ、Aをしっかり混ぜてからほかの野菜を入れます。

ホームパーティーで
出したら、
卵のインパクトに
驚かれました！

3 ホーローバットにサラダ油を薄く塗り、
2 を入れて平らに広げる。ゆで卵を等
間隔に埋める。

4 200℃に予熱したオーブンで約35分焼
く。好みでトマトケチャップをかけて
いただく。

★ひき肉に竹串を刺して、透明な肉汁が出たら
焼き上がりです。

スプーンなどでくぼみ
をつけておくと、卵を埋
めやすくなります。

卵コロッケ

卵入りのホワイトソースが詰まった
コロッケは、大人にも人気の味。
白ワインと一緒にめしあがれ。

※作り方はp.74

ちょっと手間が
かかっても作りたい
みんなに喜ばれる味！

●卵コロッケ

材料◎作りやすい分量

ゆで卵
　（→p.16「固ゆで10分」／7～8㎜角に切る）……4個分

バター（有塩）……30g

玉ねぎ（みじん切り）……½個分

薄力粉……大さじ3

牛乳……1½カップ

A[塩小さじ½、ナツメグ少々、こしょう少々]

ロースハム（薄切り／7～8㎜角に切る）……4枚分

B[薄力粉適量、溶き卵適量、パン粉適量]

揚げ油……適量

ベビーリーフ……適量

中濃ソース……適宜

1 フライパンにバターを温め、玉ねぎを入れて弱めの中火で2～3分炒める。
　★バターを焦がさないように、火加減に気をつけましょう。

2 玉ねぎがしんなりしたら、薄力粉をふり入れて約2分炒める。一度火を止めてから牛乳とAを入れ、よく混ぜたら再び中火にかけ、混ぜながらとろみがつくまで約2分煮る。

3 火を止めてハムとゆで卵を加えてさっくり混ぜ、ホワイトソースを作る。
　★混ぜすぎると、黄身が崩れて食感が悪くなるので注意しましょう。

火を止めてから牛乳を加え、よくなじませることでダマができにくくなります。

4 バットにサラダ油（材量外）を薄く塗り、**3** を平らに広げ、粗熱がとれたらラップを密着させるように覆い、冷蔵庫で約2時間冷やす。

★バットにサラダ油を塗ることで、ホワイトソースがくっつきにくくなります。

5 **4** を8等分にして卵形に成形する。**B** を薄力粉、溶き卵、パン粉の順につけ、もう一度溶き卵とパン粉をつける。

6 揚げ油を中火で熱し、菜箸を入れて細かい泡が出たら **5** をまず4個入れ、きつね色になるまで3〜4分揚げ、取り出して油をきる。残り4個も同様に揚げる。器にベビーリーフとともに盛る。好みで中濃ソースを添える。

★コロッケは油の中に一度に全部入れると温度が下がって、パンクする原因になります。

ホワイトソースに膜が張らないように、ラップをよく押さえ、空気を抜きます。

友人宅で食べたマヨネーズの
味が忘れられなくて

　卵を使ったソースといえば、マヨネーズ。先日フランス旅行に行ったとき、現地在住の友人から、「うちの畑で獲れたホワイトアスパラを食べにおいで」というステキなお誘いをいただいたんです。そのときに、アスパラと一緒に手作りマヨネーズを出してくれました。それが、とってもおいしくて。日本ではたいていサラダ油で作るけど、友人はオリーブオイルを使用。風味がよく、少し固めなところもわたし好み。それに、彼女がいとも簡単に作っていたのも、かっこよかったんです。

　あまりに感動したので、日本に戻ってからかなり久々にマヨネーズを作ってみました。そうしたら、見事に失敗。分離してしまいました……。ちなみに失敗したマヨネーズを復活させる方法がいくつかあって、その中でも一番手軽（ある意味ずるい）のが、市販のマヨネーズを混ぜるやり方。せっかくの手作りなのに、っていう感じですよね。でも市販品は絶対に分離しないようにできているので、復活するんですよ。だから、その方法で直したんですけど、本末転倒ですね（笑）。

思わず酒がすすむ

おつまみ卵

片手に卵、片手にお酒。今宵は卵で乾杯！

生のまま食べたり、ゆでたり、焼いたり、溶き卵を生地に使ったり……。卵の調理法は、実にバリエーション豊か。様々な食べ方ができる、変幻自在の食材といえます。

そんな卵を、おつまみで味わうのもオススメの楽しみ方です。卵のおつまみから選ぶもよし。その日飲みたいお酒に合わせて、卵のおつまみを選ぶのもよし。楽しみ方は人それぞれ。自由に楽しみみましょう。

おつまみの新定番!

ゆで卵たっぷり
ポテサラ

材料◎ 1〜2人分

ゆで卵（→ p.16「固ゆで10分」／大きめのざく切り）…… 1個分

紫玉ねぎ（薄切り）…… 1/8個分

塩……ひとつまみ

じゃがいも…… 1個（150g）

A [酢小さじ1、塩少々、こしょう少々]

マヨネーズ……大さじ2

黒こしょう……適量

1 紫玉ねぎは塩をふって混ぜ、5分ほどおく。

2 じゃがいもはラップに包み、電子レンジで2分、上下を返してさらに1〜2分、竹串がすっと通るまで加熱し、ボウルに入れてフォークで皮ごと粗くつぶす。

3 2 の粗熱がとれたら A を加えて調味し、1 を加えて少し冷ます。マヨネーズを加えてあえたら、ゆで卵を加えて混ぜる。器に盛り、黒こしょうをふる。

★じゃがいもが熱いと、マヨネーズが分離して油っぽくなるので、冷ましてから加えます。

普通の玉ねぎを
使うときは、辛いので
水にさらしてから加えて

オススメのお酒

ビール

焼酎

ハイボール

卵焼きで豚肉とキャベツ、もやしを包んだ
大阪のソウルフード

とんぺい焼き

材料◎１人分
溶き卵……２個分
サラダ油……適量
豚バラ肉（２cm幅に切る）……50g
キャベツ（太めのせん切り）……50g（大1/2枚分）
もやし……100g
A［ 塩少々、こしょう少々 ］
お好み焼き用ソース、マヨネーズ……各適量

1 フライパンにサラダ油小さじ１を熱し、豚肉を入れて強め
の中火で約２分焼く。キャベツともやしを入れて手早く炒
め、全体にしんなりしてきたら A で調味し、いったん取り
出す。

2 フライパンをペーパータオルでサッと拭き、サラダ油小さ
じ１を中火で熱し、溶き卵を流し入れる。卵の底が固まっ
てきたら、1 を卵の中央に細長く広げ卵で包み、皿に盛る。

3 お好み焼き用ソースとマヨネーズをかける。

台湾の屋台をイメージしたおつまみ

切り干し大根卵焼き

材料◎１人分
溶き卵……２個分
切り干し大根（乾物）……20g
ごま油……小さじ１
A [ナンプラー大さじ½、こしょう少々]
青ねぎ（小口切り）……２本分

1 切り干し大根は水でもみ洗いし、しんなりしたら軽く水気を絞る。

2 フライパンにごま油を熱し、**1**を入れて中火で１分炒める。**A**で調味し、青ねぎ、溶き卵を加えて、全体に大きく混ぜる。

3 １〜２分そのまま焼き、卵の底に焼き色がついたら上下を返し、さらに約１分焼く。

切り干し大根の代わりに、「いぶりがっこ」や「つぼ漬け」も合う！

オススメのお酒
ビール
ハイボール
白ワイン

おいしい食材をくるりと巻くだけ
巻き巻き卵
2種

オススメのお酒
日本酒

卵焼き器が
ない場合は、
直径15〜16cmの
フライパンで代用して

魚肉ソーセージと スライスチーズ

材料◎１本分

卵……１個

A [水小さじ½、塩少々]

サラダ油……小さじ１

スライスチーズ……１枚

粒マスタード……小さじ１

魚肉ソーセージ

（卵焼き器の幅に合わせて切る）

……約１本分

明太子と大葉

材料◎１本分

卵……１個

A [水小さじ½、塩少々]

サラダ油……小さじ１

大葉……２枚

辛子明太子……40g（１本）

1 ボウルに卵を溶き、A を加えて混ぜる。卵焼き器にサラダ油を熱し、卵液を流し入れ、卵の底が固まってくるまで弱めの中火で約１分焼く。

魚肉ソーセージとスライスチーズ

2 表面が乾かないうちに、卵焼き器の手前側にスライスチーズをのせ、上に粒マスタードを塗り、魚肉ソーセージをのせ、端から巻く。

明太子と大葉

2 表面が乾かないうちに、卵焼き器の手前側に大葉、明太子の順にのせて、端から巻く。

3 粗熱がとれたら食べやすい大きさに切る。

※このレシピでは、20×14㎝の卵焼き器を使用しています。

オススメのお酒

白ワイン

スパークリング
ワイン

スペインのバルをイメージ！

うずら卵のピンチョス

材料◎4本分
うずら卵の水煮（市販）……4個
生ハム（半分に切る）……2枚分
ミニトマト（へたを取る）……4個分
ブラックオリーブ（種なし）……4個

1 うずら卵の水煮に生ハムを巻く。

2 串やピックに、ミニトマト、**1**、ブラックオリーブの順に刺す。

ミニトマトの代わりに
青唐辛子の
酢漬けを使うと本格的！

パンにのせてもおいしい！

水菜と半熟卵の ベーコンカリカリ ドレッシングがけ

材料◎1人分

半熟卵（→p.16「半熟4分」）……1個

水菜（3cm長さに切る）……30g

オリーブオイル……小さじ1

ベーコン（1cm幅に切る）……2枚分

A［ 酢小さじ1、塩少々、黒こしょう少々]

1 器に水菜を盛り、中央に半熟卵をのせる。

2 フライパンにオリーブオイル、ベーコンを入れて中火で約2分焼く。ベーコンがカリッとしたら火を止め、Aを加えてさっと混ぜ、1にかける。

半熟卵は
ソースにもなるので、
崩しながら食べて。
温泉卵に代えても◎

卵黄のソースでマイルドな味に！

かつおと オクラの**ユッケ**

材料◎１人分
卵黄……１個
オクラ……２本
かつお（刺身用／７〜８㎜の角切り）……80g
A [しょうゆ小さじ１、ごま油小さじ１、砂糖ひとつまみ]

1 オクラはサッとゆでて冷水にとり、５㎜幅の小口切りにする。

2 ボウルにかつおと**1**を入れて混ぜ、**A**を加えて調味する。器に盛り、中央に卵黄をのせ、崩していただく。

余った卵白の
活用法は、p.152を
チェック！

アンチョビの塩気がアクセント！

スタッフドエッグ

材料◎2人分
ゆで卵（→p.16「固ゆで10分」）……1個
アンチョビフィレ（粗みじん切り）……1枚分
A [玉ねぎのみじん切り小さじ1、
　　パセリのみじん切り小さじ½、
　　マヨネーズ大さじ1、塩少々、こしょう少々]

1 ゆで卵は縦半分に切って黄身をボウルに取り出し、フォークで粗く崩す。

2 Aとアンチョビを加えて混ぜ合わせ、**1**の白身を器に見立て、戻し入れる。

ごま油の香ばしい風味がたまらない！

青ねぎと
むきえびの**チヂミ**風

材料◎１人分

卵……１個

むきえび（背わたを取り除き３〜４等分に切る）……80g

青ねぎ（３㎝長さに切る）……４本分

薄力粉……大さじ１

A［ 塩少々、こしょう少々 ］

ごま油……大さじ½

B［ しょうゆ小さじ１、ごま油小さじ１ ］

1 ボウルにえびと青ねぎを入れ、薄力粉をまぶす。 A と卵を加えて溶き混ぜる。

★薄力粉をまぶしてから卵を混ぜると、ダマになりにくく、きれいに混ざります。

2 フライパンにごま油を熱し、 **1** をスプーンなどで¼量ずつすくって落とし入れ、弱めの中火で２〜３分焼く。固まってきたら静かに上下を返し、さらに約１分焼き、器に盛る。 B を混ぜ合わせて添える。

えびの代わりに、
缶詰のあさりも
オススメ！

ねぎを使った大人の味わい

半熟卵と長ねぎのグラタン

オススメのお酒

🍷 白ワイン

材料◎１〜２人分

半熟卵（→p.16「半熟4分」）……２個分

バター（有塩）……15g

長ねぎ（３〜４cm長さに切り、さらに縦に３〜４mm幅に切る）……½本分

薄力粉……大さじ½

生クリーム……½カップ

A［ 塩小さじ¼、こしょう少々 ］

ピザ用チーズ……20g

1 フライパンにバターを溶かし、長ねぎを入れて弱めの中火で炒める。少ししんなりしたら、薄力粉をふり、さらに約１分炒める。

2 生クリームと A を加え、生クリームがふつふつと煮立ってきたら火を止める。

3 耐熱の器に半熟卵を入れて **2** を流し入れ、ピザ用チーズをふる。温めたオーブントースターで６〜８分、表面に焼き色がつくまで焼く。

★オーブントースターは、あらかじめ温めておくと、焼き時間を短くできます。

この作り方なら、薄力粉が長ねぎにからまってホワイトソースがダマになりにくい！

味つけはシンプルに
こっくりとした口当たりを楽しむ

アボカド卵

材料◎１人分

温泉卵(→p.20)‥‥‥１個

アボカド(種を取る)‥‥‥½個分

刻みのり‥‥‥適量

A [オリーブオイル小さじ１、塩少々]

柚子こしょう‥‥‥小さじ⅓

1 アボカドは座りが悪ければ少し底を切って平らにし、器に
のせる。

2 アボカドの穴に温泉卵を入れ、A をふり、柚子こしょうを
添え、刻みのりをのせる。全体を混ぜていただく。

固めが好みなら、
半熟卵でもおいしい!

アボカドを器代わりにして、見た目もユニークに！

101

さっぱり、あっさりの変わり種

きゅうりと
炒り卵の餃子

オススメのお酒

ビール

紹興酒

材料◎2人分
卵……2個
きゅうり(粗みじん切り)……½本分
塩……少々
A [塩ひとつまみ、こしょう少々]
ごま油……適量
餃子の皮……12枚

1 きゅうりに塩をふり、5分おく。

2 ボウルに卵を溶き、A を加えて混ぜる。フライパンにごま油小さじ1を中火で熱し、卵液を流し入れて箸で混ぜ、細かい炒り卵を作り、取り出して粗熱をとる。

3 1の水気を絞って 2 と混ぜ合わせ、餃子の皮に等分に包む。★たくさん作って、包んだ状態で冷凍してもOKです。

4 フライパンにごま油小さじ1を熱して 3 を並べ入れ、軽く焼き色がつくまで中火で約1分焼く。熱湯⅓カップを回し入れ、ふたをして2〜3分、水気がほぼなくなるまで焼く。ふたを取って、餃子の底がきつね色になるまでさらに約2分焼く。
★ふたを取った後、ごま油を回しかけると、さらにパリッと焼き上がります。

※冷凍するときは、熱伝導のよいアルミのバットにラップを敷いて餃子を並べ、ラップをかけて一度凍らせます。その後、保存容器に移して冷蔵庫に入れておけば、早く冷凍できて餃子もくっつきません。

目玉焼きで ブランド卵 食べ比べてみました

卵って、本当に商品によって味に違いはある？
高級卵は、特別おいしいの？
味がよくわかる目玉焼きで検証してみました！

※価格はメーカー希望小売価格です（税抜）。

飼料の原料にこだわり栄養強化

森のたまご（イセ食品）

風味と色つやがよく、卵本来のおいしさが味わえる卵を目指して開発。まぐろやかつおの魚油、よもぎなど、鶏の飼料に使う原料にこだわることで、DHAとビタミンEが豊富で、カルシウムも含まれる卵に。

10個入り
300円

初江'sコメント

黄身がきれいなオレンジ色で、料理に使っても色鮮やか。撮影時にいつも使っている、おなじみの卵。素材の味をシンプルに生かした、目玉焼きやゆで卵などがおいしい。

贈答用にも人気な超高級卵
こだわり卵「輝」
（アクアファーム秩父）

シャモを主体として品種改良したオリジナルの鶏を、広大な土地でのびのびと飼育。25種類の材料をブレンドした飼料と荒川源流の水を与え、最高級の卵を目指す。通常のパックと桐箱入りがあり、桐箱入りは贈答用にも人気。

6個入り（桐箱入り）
7,200円（税込／
2017年現在）

初江'sコメント
まず、黄身の色の鮮やかさに驚き！卵自体の味をしっかりと感じるから、目玉焼きや生のおいしさを味わえる卵かけご飯で食べるといいかも。

希少な鶏の卵がお手頃価格で
烏骨鶏の卵（松本ファーム）

天然記念物に指定されている希少な鶏・烏骨鶏の卵。遺伝子組み換えでない安心安全な飼料や、飲んでもおいしい地下水・井戸水を与え元気な烏骨鶏にこだわる。一般に1個500円はくだらない烏骨鶏卵が、1個160円程度の安価な値段で手に入る。

10個入り 1,667円

初江'sコメント
烏骨鶏の卵は初めてだけど、コクがかなり強くておいしい。サイズも小さめだし、普通の鶏卵とはやっぱり別物かな？　白身の味もしっかりしてる。

割ってびっくり！ 黄身が白い卵
ホワイトたまご（国立ファーム）

米を食べて育てた鶏が産んだ卵。卵の色は、鶏
の飼料に左右されるので、黄身が白っぽくなる。
国産米を使用し、安心安全な卵を目指す。

 初江'sコメント

まず、見た目にびっくり！ 白い〜！
上品であっさりしているけど、コクもあ
る。ゆで卵にするといいかも。でも、ど
ちらが黄身かわからなくなりそう!?

 6個入り　272円

独特な臭みをおさえてフレッシュ感を強調
卵かけごはん用うずら卵
（室蘭うずら園）

フレッシュな卵の味を堪能できるように、若いう
ずらの卵のみを使用。無投薬の飼料を与えている
ので、うずら特有の臭みをほとんど感じない。

 **初江'sコメント**

10個入り　178円

うずらの卵なので、ほかとは全然違う。味が濃くて自
然な塩分を感じるから、調味料なしでもおいしい。目
玉焼きにして、お弁当に入れたらかわいいかも。

日本の農業を応援する気持ちで誕生
しんたまご（JA全農たまご）

飼料に国産玄米を使用。飼料の原料は輸
入トウモロコシが多い中、国内生産にこ
だわり、「日本の農業を元気にしたい！」
という気持ちで誕生したのだとか。

 白6個入り　268円

 初江'sコメント

全体的に甘みを強く感じる。白身までしっ
かり甘みがあるので、塩で簡単に味つけし
たあっさり系の炒めものとかにオススメ。

Part **4**

これで満腹！

卵のご飯・めん・パン

はらぺこのお腹を黙らせる　卵のがっつり料理！

思いっきり仕事して帰ったら、やっぱりがっつり食べたいもの。そんなとき、ふわふわトロトロの卵を、思いっきり味わいませんか？ ここで紹介するのは、はらぺこたちにおくる、卵を使った主食です。

卵の味を引き立たせるために、卵以外の食材は少なめに。シンプルな材料で作れるレシピになっています。卵は栄養満点で、腹持ちがよいのもうれしいところ。思う存分、卵を楽しんで。

卵を使った
主食を作るときの
ポイント

濃いめの味つけで！

ご飯、めん、パンと一緒にいただくので、味つけは
やや濃いめがベター。ただし、濃すぎるのもNGです。

材料はシンプルに！

あまり具だくさんにしてしまうと味がまぎれて、
卵本来の味を堪能できません。卵以外の食材は少なめに。

火にかけすぎない！

卵は余熱で火が通ります。チャーハンや卵とじの卵は、
ふわふわがおいしいので、加熱しすぎないように注意。

卵を味わうなら具材はレタスだけでシンプルに！

卵チャーハン

材料◎1人分
卵……2個
塩……少々
こしょう……適量
ごま油……適量
レタス（手で小さめにちぎる）……2枚分（80g）
温かいご飯……丼1杯分
しょうゆ……大さじ½

1 卵をボウルに割り入れ、塩、こしょう少々を加え溶きほぐす。

2 フライパンにごま油小さじ1を中火で熱し、1を流し入れ、大きくかき混ぜながら半熟状にし、バットなどに取り出す。

3 フライパンをペーパータオルでサッと拭く。ごま油大さじ½を熱し、レタスを入れてしんなりするまで約1分炒め、ご飯を加えて切るように強めの中火で炒める。

4 3をフライパンの端に寄せて、空いたところにしょうゆを入れる。ふつふつと泡立ち香りが立ったら全体を炒め合わせて、こしょう少々をふる。

5 2を戻し入れてひと混ぜする。

卵焼きの温かさが食パンに染みてホカホカに

分厚い卵焼き
サンドイッチ

材料◎1人分

卵……4個

バター（有塩）……5g

練りがらし……小さじ½

食パン（8枚切り）……2枚

A［ だし汁※大さじ2、砂糖大さじ1、しょうゆ小さじ½、
　　塩小さじ¼ ］

サラダ油……小さじ1

※だし汁⇒水⅓カップにかつお節5gでとっただしを使用。水大さじ2に顆粒だし少々で
もOK。

1 バターは、室温でやわらかくなるまで戻し、練りがらしを混ぜ合わせ、食パン2枚の片面に塗る。

2 ボウルに卵、**A** を入れて溶き混ぜる。

3 フライパンにサラダ油を中火で熱し、**2** を流し入れ、大きくかき混ぜながら縁を折り、食パンより一回り小さめの四角に成形する。2〜3分焼いて上下を返し、さらに1〜2分焼く。

4 **1**の食パンの1枚に **3** をのせ、もう1枚の食パンをのせて押さえる。耳を切り落としたら、食べやすい大きさに切る。

卵焼きを
とことん分厚くしたいから
卵は4個使用!!

ふわふわの卵に閉じ込めたいわしの旨みが絶妙！

いわしの蒲焼き缶の卵とじ丼

材料◎1人分

溶き卵……2個分

温かいご飯……丼1杯分

いわしの蒲焼き（缶詰）……1缶（100g）

水……⅓カップ

しょうゆ……小さじ1

青ねぎ（2㎝幅に切る）……20g

紅しょうが……適量

1 器にご飯を盛る。
★できたての卵をのせるために、ご飯は先に用意します。

2 小さめのフライパンにいわしの蒲焼き、水、しょうゆを入れて中火にかける。煮立ったら、青ねぎを入れ、すぐに溶き卵を流し入れる。

3 卵が好みの固さになったら火を止め、1の上にのせ、紅しょうがを盛る。

5分でできちゃう！
七味唐辛子を
ふってもOK！

濃厚な卵の味が口いっぱいに広がる

カルボナーラ

材料◎１人分

スパゲッティ……100g

A ［ 卵黄１個、生クリーム大さじ３、粉チーズ大さじ１、
　　塩小さじ¼ ］

オリーブオイル……小さじ１

ベーコン（７～８㎜幅に切る）……２枚分

粗挽き黒こしょう……少々

1 スパゲッティを袋の表示通りにゆで、湯をきる。

2 A を混ぜ合わせる。

3 フライパンにオリーブオイルを中火で熱し、ベーコンを入れてサッと炒め、色が鮮やかになったら火を止めて、**1** を加える。**2** も加えて手早く混ぜ合わせる。

4 器に盛り、黒こしょうをふる。

ベーコンから
旨みが出るから、
塩は控えめに！

親子丼に甘酢あんをかけたような味わい

鶏肉と玉ねぎの甘酢卵焼き丼

材料◎2人分

溶き卵……3個分

温かいご飯……丼2杯分

ごま油……小さじ1

鶏むね肉（一口大のそぎ切り）……½枚分（100g）

玉ねぎ（1cm角に切る）……¼個分

A [水⅓カップ、片栗粉小さじ1、しょうゆ小さじ1、
　　砂糖小さじ1、鶏がらスープの素小さじ½、塩小さじ¼]

酢……大さじ1

1 器にご飯を盛る。

2 フライパンにごま油、鶏肉、玉ねぎを入れて中火にかけ、約3分炒める。表面に焼き色がついたら、Aを混ぜ合わせて加える。混ぜながら煮て、煮立ったら弱火にし、さらに1〜2分煮る。

3 酢を加えて混ぜたら、すぐに溶き卵を流し入れて大きく混ぜ、半熟状になったら火を止め、1 の上にのせる。

卵×甘酢あんの
組み合わせで、
なめらかな口当たりに！

めんとほぼ同量の錦糸卵を楽しむ！

薄焼き卵たっぷり 冷やし中華

120

材料◎１人分

卵……２個

A［水小さじ１、砂糖小さじ½、塩少々］

サラダ油……少々

中華めん……１玉

きゅうり（斜め薄切りにしてからせん切り）……½本分

B［熱湯大さじ１、鶏がらスープの素小さじ⅓、酢大さじ１、
　ごま油大さじ½、しょうゆ大さじ½、砂糖小さじ½、塩少々］

白いりごま……少々

1 ボウルに卵を溶き、Aを加えて溶きほぐし、茶こしでこす。

2 直径22〜24cmのフライパンにサラダ油を薄く塗り、弱めの中火にかける。温まったら1の半量を薄く流し入れて１〜２分焼く。卵の縁が乾いてきたら上下を返し、約10秒焼いて取り出す。残りの1を同様に焼く。

3 2を半分に切り、さらに端から２〜３mm幅に切って錦糸卵を作る。

4 中華めんを袋の表示通りにゆで、冷水でもみ洗いして水気をきる。器に盛り、きゅうり、3の順にのせる。

5 Bの熱湯に鶏がらスープの素を入れて混ぜ、溶けたらほかの材料も混ぜて4にかけ、白ごまをふる。

うなぎのタレを吸った卵の風味がバツグン！

うな卵丼

材料◎2人分

溶き卵……2個分

A [水⅓カップ、めんつゆ（3倍濃縮）大さじ½]

長ねぎ（斜め薄切り）……½本分

うなぎの蒲焼き（2cm幅に切る）……1串分（100g）

温かいご飯……丼2杯分

七味唐辛子……適宜

1 フライパンにAと長ねぎを入れて中火にかける。煮立ったらうなぎの蒲焼きを加えて再び煮立ったら、溶き卵を流し入れ、汁気がほぼなくなるまで煮る。
★汁気がほとんどないように仕上げたいので、卵にうなぎのタレを吸わせるように煮ます。

2 器にご飯を盛り、1をのせる。好みで七味唐辛子をふる。

具のスパイシーさが卵でやわらぐ

ガパオライス

材料◎1人分

卵……1個

サラダ油……適量

玉ねぎ（5mm角に切る）……¼個分

パプリカ（5mm角に切る）……⅙個分

にんにく（みじん切り）……小1かけ分

豚ひき肉……120g

バジル（葉を手でちぎる）……9～10枚分

A [ナンプラー小さじ1、オイスターソース小さじ1、
　　一味唐辛子小さじ⅓、こしょう少々]

温かいご飯……丼1杯分

1 フライパンにサラダ油小さじ1を中火で熱し、玉ねぎ、パプリカ、にんにくを入れ2～3分炒める。しんなりしたらひき肉を加え、ほぐしながらさらに1～2分炒める。バジルを加え、しんなりしたらAで調味し、取り出す。

2 フライパンをペーパータオルでサッと拭き、サラダ油小さじ1を中火で熱して目玉焼きを作る（→p.14「ふたなし」）。

3 器にご飯を盛り、**1**をかけて**2**をのせ、バジル1～2枚（分量外）を添える。

目玉焼きを
つぶして混ぜて、
いただきます！

みんな大好き！

T・K・G
（卵　かけ　ご飯）

バリエーション

ご飯に卵を割り入れ、しょうゆをたらすだけの卵かけご飯。
通称T・K・G。シンプルに食べてもいいけど、
たまにはアレンジを楽しんでみませんか？

昆布の甘みとバターがよく合う！

塩昆布バターしょうゆ

材料◎１人分
卵……１個
温かいご飯……茶碗１杯分
塩昆布……ひとつまみ
バター（有塩）……10g
しょうゆ……小さじ１

1 ご飯に卵を割り入れ、塩昆布とバターをのせる。

2 しょうゆをたらす。

パクチー、桜えび、ナンプラーでアジアンな香り

エスニックスペシャル

材料◎1人分
卵……1個
温かいご飯……茶碗1杯分
桜えび（乾物）……ひとつまみ
パクチー（刻む）……1〜2本分
ナンプラー……小さじ1
レモン汁……小さじ1

1 ご飯に卵を割り入れ、桜えびとパクチーをのせる。

2 ナンプラーとレモン汁をかける。

"粉もの感"を天かす×青のり×ソースで

ちくわ入りお好み焼き風

材料◎1人分

卵……1個

温かいご飯……茶碗1杯分

天かす……大さじ1

ちくわ（小口切り）……½本分

青のり粉……小さじ½

ウスターソース……小さじ1

しょうゆ……少々

1 ご飯に卵を割り入れ、天かす、ちくわ、青のり粉をのせる。

2 ウスターソースとしょうゆをかける。

カリカリベーコン with パセリ

黒こしょうをピリッときかせ洋風に

材料◎1人分
卵……1個
温かいご飯……茶碗1杯分
オリーブオイル……小さじ½
ベーコン（5mm幅に切る）
　……1枚分
パセリ（みじん切り）
　……大さじ1
塩……少々
こしょう……少々
粗びき黒こしょう
　……少々

1 フライパンにオリーブオイルを熱し、ベーコンを中火でカリッとするまで炒める。

2 パセリをふり、塩とこしょうを加えて混ぜる。

3 ご飯に卵を割り入れ、**2** をかけ、黒こしょうをふる。

パセリの
さわやかな香りが
鼻に抜ける！

わたしには再現不可能……、
超芸術的なオムレツ

わたしは1人暮らしなので、外食も多いのですが、卵料理を目的に食べに行く、お気に入りのお店がいくつかあります。中でも、これは自分では再現できないなっていうのが、西荻窪の「トラットリア　ヴェンティノーヴェ」というお店のアーティチョークのオムレツ。

なんといっても、見た目がとても芸術的なんですよ！アーティチョークの周りを、カーテンのように卵の層が包んでいるんです。アーティチョークはほろ苦くて、ホクホク。そして卵は、まるでビロードみたいにつるんとした舌触りで、でも内側は半熟。店主がお友達なので聞いたら、何ヶ月もかけて練習をしたそう。それを聞いて、マネっこするのはあきらめました。

……でも実は、最近はあまり行けてません。あ〜、また食べに行きたい〜。

トラットリア　ヴェンティノーヴェの
アーティチョークのオムレツ。

インターナショナルに楽しむ
世界の卵料理

世界中で愛される卵料理を楽しんで

卵料理に国境はありません。たいていの国には、名物の卵料理があります。卵は、世界共通の食材といえるでしょう。同じ食材を使っていても、国ごとにバラエティー豊かな調理法があります。

アメリカ
エッグベネディクト
➡ p.134

アメリカ
エッグスラット
➡ p.136

わたしは旅行が大好きなので、これまで様々な国の卵料理を食べました。現地に住む友人に教えてもらったレシピもあります。日本の料理とはまた違う、異国の卵の味を体験してみませんか？

スペイン
ウエボス・ロトス
➡ p.144

韓国
ケランチム
➡ p.138

フランス
モンサンミッシェルの
オムレツ ➡ p.148

トルコ
メネメン
➡ p.146

チュニジア
ブリック
➡ p.142

台湾
かきの
お好み焼き風
➡ p.140

イスラエル
シャクシュカ
➡ p.150

ニューヨーク発！ 大人気の朝食メニュー

エッグベネディクト

アメリカ

本場では
オランデーズソースという
卵黄のソースをかけるけど、
簡単バージョンにアレンジ！

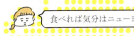

食べれば気分はニューヨーカー♪

材料◎1人分
卵（ボウルに割り入れる）……2個分
酢……大さじ1
ほうれん草（ゆでて流水で冷まし、2㎝長さに切る）……100g
ベーコン（5㎜幅に切る）……2枚分
サラダ油……小さじ½
マフィン（半分に切り、トーストする）……1個分
A [マヨネーズ大さじ3、牛乳大さじ1、
　　マスタード小さじ1、塩少々、こしょう少々]

1 鍋に湯を4カップくらい沸かし、酢を入れる。弱めの中火にして卵を静かに入れる。

2 2分ほど待つと白身が固まってくるので、黄身を包むように箸で静かに形を整える。そのまま1分ゆで、その後上下を返し、さらに1〜2分ほどゆでて穴あき杓子などでそっと取り出す。

★黄身を指で押し、半熟に感じるやわらかさになるまでゆでます。

3 水にとり、周りのはみ出した白身を除いてきれいに整え、水気をよくきる。

4 ほうれん草とベーコンをサラダ油でさっと炒める。

5 マフィンに4をのせ、その上に3をのせ、Aを混ぜ合わせてかける。

とろ〜りと黄身がからむ LA で話題の料理

エッグスラット

容器は、
耐熱ガラスだと
きれい！

LAのセレブが注目のおしゃれ料理！

材料◎2人分
卵……2個
じゃがいも……1個
バター（有塩）……10g
A [牛乳大さじ4、塩ひとつまみ、ナツメグ少々、こしょう少々]
バゲット（棒状に切って軽くトーストする）……適量

1 じゃがいもは皮つきのままラップに包み、電子レンジで3分、上下を返して1〜2分、竹串がすっと通るまで加熱する。熱いうちに皮をむいてつぶし、バターを混ぜる。Aも加えて混ぜ、やわらかなマッシュポテトにする。
★じゃがいもは熱いので、ペーパータオルで包みながらむきましょう。
★牛乳の量はじゃがいもの大きさで多少変わるので、少しずつ入れて調節しましょう。

2 耐熱容器2個に 1 を等分に入れ、上に卵を割り入れる。

3 ふたができる鍋か深めのフライパンにペーパータオルを敷いて 2 の耐熱容器を並べ、熱湯を耐熱容器の半分くらいの高さに注いで鍋にふたをする。火にかけて煮立ったら弱めの中火にし、6〜10分蒸し、卵を半熟状にする。
★容器の大きさや高さによって時間は変わるので、こまめにふたを開け、卵が半熟になるまでチェックします。

4 バゲットを添え、からめていただく。

韓国

ふわふわやさしい味の韓国版茶碗蒸し

ケランチム

材料◎2人分

卵……3個

だし汁※……⅓カップ

A [にんじんのみじん切り大さじ½、長ねぎのみじん切り大さじ1、
　　　塩小さじ⅓、こしょう少々]

※だし汁⇒水½カップに内臓を取った煮干し10本でとっただしを使用。顆粒だしでもOK。

1 ボウルに全ての材料を入れて、よく混ぜる。

2 1を直径15～16cmのフライパンに入れて弱めの中火にか
け、こまめに混ぜて、半熟状にする。

3 半熟状になったら混ぜるのをやめ、1～2分してふくれて
きたら完成。すぐにしぼむので、できたてをすぐにいただ
く。

卵がぷくっとふくれるのがかわいい〜

ふくれた瞬間、
テーブルへGO！

139

甘めのタレでいただく台湾の屋台の味

かきの
お好み焼き風

台湾

材料◎1人分

卵……2個

A [塩少々、こしょう少々]

B [水⅓カップ、ケチャップ大さじ1、酢大さじ½、砂糖小さじ1、
片栗粉小さじ1、塩少々、こしょう少々]

かき……80g

ごま油……大さじ½

片栗粉……大さじ½

レタス（小さめにちぎる）……小1枚分（30g）

1 卵を溶き、A を加えて混ぜる。

2 B を小鍋に入れて中火にかけ、とろみがつくまで混ぜる。

3 かきは粗塩（材料外）で軽くもみ、黒い泡が出てきたら流水で洗い、水気をきる。フライパンにごま油を熱し、かきに片栗粉を薄くまぶして並べ、中火で2分ほど上下を返しながら焼く。レタスを加えてひと混ぜする。
★かきは先に洗ってざるに上げて置いておくと、どんどん小さくなるので、直前に洗いましょう。

4 1を加えて大きく混ぜ、半熟状になったら混ぜるのをやめて1分ほど焼く。上下を返し、30秒焼いたら皿に盛り、2のタレをかける。

チュニジア

黄身がとろ～っとあふれだす
チュニジアの巨大餃子

ブリック

本場では
専用の皮を使うけど、
春巻きの皮なら手軽！

142

「ハリッサ」っていう北アフリカの唐辛子ペーストが、いい仕事するんだよね

材料◎2個分

卵……2個

じゃがいも……小1個（120g）

ツナ（缶詰／油をきってほぐす）……小1缶（70g）

A［ パセリのみじん切り大さじ1、クミンパウダー少々、
　　塩小さじ¼、こしょう少々］

春巻きの皮……2枚

B［ 薄力粉大さじ1、水大さじ1］

揚げ油……フライパン5mm程度

ハリッサ（あれば）……適量

レモン（あれば／くし形に切る）……適量

1 じゃがいもを皮つきのままラップに包み電子レンジで2分、
上下を返して竹串がすっと通るまで1〜2分加熱する。

2 熱いうちに皮をむいて粗くつぶし、ツナとAを入れて混ぜ
る。

★じゃがいもは熱いので、ペーパータオルで包みながらむきましょう。

3 春巻きの皮の中央に2を等分にのせ、スプーンなどで真ん
中にくぼみをつけ、卵を割り入れる。

4 Bを混ぜて3の縁に塗り、半分に折りたたんでとめる。揚
げ油を中火で熱し、菜箸を入れて細かい泡が出たら、片面
2分ずつ揚げ焼きにして、油をきって皿に盛る。ハリッサ
とレモンを添える。

スペイン

ジャンクな味でお酒がすすむ！スペインのバル料理

ウエボス・ロトス

材料◎1人分
卵……1個
ポテトフライ（冷凍）……150g
サラダ油……小さじ1
生ハム……10g
マスタード……小さじ1

1 ポテトフライは表示に従って加熱し、皿に盛る。
★ポテトフライは、油で揚げても、トースターで加熱しても、どちらのやり方でもOKです。

2 フライパンにサラダ油を中火で熱し、目玉焼きを作る（→p.14「ふたなし」）。
★半熟に仕上げましょう。

3 1の上に生ハムをちぎってのせ、2ものせ、マスタードを添える。全体に混ぜて熱いうちにいただく。

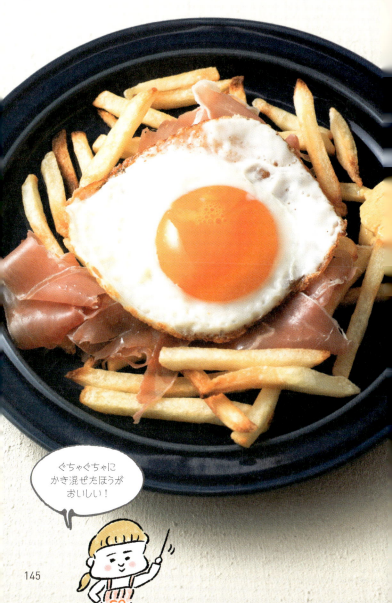

ぐちゃぐちゃに
かき混ぜたほうが
おいしい！

トルコ

辛さがくせになる！トルコのスクランブルエッグ

メネメン

材料◎2人分
溶き卵……3個分
バター（有塩）……10g
トマト（ざく切り）……1個分
ししとう（5㎜幅の小口切り）……8本分
A［ 塩小さじ¼、こしょう少々、一味唐辛子（好みで）適量 ］

1 フライパンを中火で温め、バターを入れて溶かし、トマトを炒める。少し崩れてきたらししとうを加え、すぐにAを入れて味つけする。

2 溶き卵を流し入れてひと混ぜし、半熟状になったら火を止める。

フランス

ロの中でとろける世界一有名なオムレツ

モンサンミッシェルの
オムレツ

材料◎1人分

卵……2個

バター（有塩）……10g

A［ 砂糖小さじ1、塩少々 ］

付け合わせ（グリーンリーフ、ヘタを取り半分に切ったミニトマト）
　　……適量

1 卵をボウルに入れる。もったりとして、すくい上げるとリボン状に落ちるようになるまで泡立てる。

2 直径18㎝くらいのフライパンにバターを入れ、中火にかけて溶かす。

3 1にAを混ぜ、フライパンに流し入れる。

4 ふたをして弱めの中火で3〜4分焼き、卵の底に焼き色がついたら半分に折りたたむ。好みで付け合わせを添える。

ほとんど泡！
どんどんしぼんでいくので、
できたらすぐに食べること！

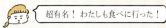

イスラエル

スパイスが香るイスラエルの朝ごはん

シャクシュカ

材料◎1人分

卵……2個

オリーブオイル……大さじ1

にんにく（みじん切り）……1かけ分

玉ねぎ（みじん切り）……¼個分

カットトマト（缶詰）……½缶（200g）

トマトペースト（あれば）……大さじ½

A ［ 水½カップ、塩小さじ¼、こしょう少々、パプリカパウダー少々、
クミンパウダー少々 ］

1 直径15〜16cmのフライパンにオリーブオイルを弱めの中火で熱し、にんにくと玉ねぎを焦がさないように、しんなりするまで2〜3分炒める。

2 カットトマトとトマトペースト、A を加え、煮立ったら卵を割り入れる。

3 弱火にしてふたをし、卵が半熟状になるまで4〜5分煮る。
★ふたがない場合はアルミ箔で覆いましょう。

エスニックな香りが、これぞ"THE 異国の味"って感じ

トマトペーストを
入れると、コクがでるので
オススメ！

白身が余ったときの活用レシピ

「卵黄しか使わない料理を作ったら、
余った卵白はどうしたらいいの?」と、悩む方も多いはず。
そんなときに便利なチャチャッと作れる2品を紹介します。

疲れた体に染みる
やさしいスープ
コーンスープ

材料◎2人分

卵白……1個分

A [水1½カップ、鶏がらスープの素小さじ1、
片栗粉小さじ1、塩少々、こしょう少々、ごま油少々]

コーンクリーム(缶詰)……½カップ

1 鍋にAを入れて中火にかけ、混ぜながらとろみがつくまで煮る。

2 コーンクリームを加えて混ぜ合わせ、煮立ったら卵白を溶きほぐしてから流し入れ、ゆっくり混ぜて固まったら火を止める。

むきえびや
そぎ切りにした
鶏むね肉を使っても
OK！

ふわふわの卵白が口の中から消える!?
ほたてと白身の炒め物

材料◎１〜２人分

卵白……１個分

ごま油……小さじ１

ほたて貝柱（厚みがあるものは、半分にそぎ切り）
　　……５個分（約100g）

しょうが（薄切り）……１かけ分

青梗菜（葉と茎に分け、茎は放射状に８等分に切る）……１株分

A［ 酒大さじ１、鶏がらスープの素小さじ⅓、
　　塩ひとつまみ、こしょう少々 ］

1 ボウルに卵白を入れ、メレンゲ状になるまで泡立てる。

2 フライパンにごま油を強めの中火で熱し、ほたて、しょうがを入れて１分炒め、青梗菜の茎を加えて炒め合わせる。Aを加えて混ぜ、手早く炒め合わせる。

3 青梗菜の葉を加えてひと混ぜし、**1**を入れて軽く混ぜ、すぐに火を止める。
　★卵白を入れたあと、炒めすぎると泡がしぼんでしまいます。

卵 大解剖

間違った説も実は多い！?
あまり知られていない新説や、知っていると便利なミニ情報まで、
卵をより身近に感じる情報をお届けします。

取材／JA全農たまご

卵の構造と栄養

卵は大きく白身、黄身、殻に分かれますが、そのほかにも重要なパーツがあり、小さいながらも複雑な構造をしています。各種栄養素がバランスよく含まれており、健康食品としても優等生です。ただし、ビタミンCと食物繊維だけは含まれません。これらを含む野菜などと一緒に食べるのがオススメです。

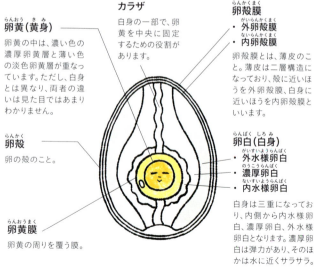

カラザ
白身の一部で、卵黄を中央に固定するための役割があります。

らんおう（きみ）
卵黄（黄身）
卵黄の中は、濃い色の濃厚卵黄層と薄い色の淡色卵黄層が重なっています。ただし、白身とは異なり、両者の違いは見た目ではあまりわかりません。

らんかく
卵殻
卵の殻のこと。

らんおうまく
卵黄膜
卵黄の周りを覆う膜。

らんかくまく
卵殻膜
・ **がいらんかくまく**
 外卵殻膜
・ **ないらんかくまく**
 内卵殻膜
卵殻膜とは、薄皮のこと。薄皮は二層構造になっており、殻に近いほうを外卵殻膜、白身に近いほうを内卵殻膜といいます。

らんぱく（しろみ）
卵白（白身）
・ **がいすいようらんぱく**
 外水様卵白
・ **のうこうらんぱく**
 濃厚卵白
・ **ないすいようらんぱく**
 内水様卵白
白身は三重になっており、内側から内水様卵白、濃厚卵白、外水様卵白となります。濃厚卵白は弾力があり、そのほかは水に近くサラサラ。

シャキーン

卵の主な栄養素

1個(M玉)約80kcal

たんぱく質	リン
脂質	鉄
炭水化物	ビタミンA
ナトリウム	ビタミンD
カリウム	ビタミンE
カルシウム	…

卵を食べると、こんな効果が！

美肌と体形維持に
卵黄に含まれるレシチンやコリンは、脂肪の排出を促し、皮膚細胞の代謝を活発にします。

視力低下をふせぐ
卵黄には、視力低下をふせぐカロテノイド色素が含まれています。

貧血防止に
鉄や葉酸、ビタミン B12、B6 など、血液を作る多くの成分が含まれています。

栄養Q&A

1日何個まで食べていいの？

卵は1日1個までというのは、100年以上前の実験データをもとにした説。最近では、1日に2〜3個までなら問題ないと言われています。ただし、医師にとめられている場合は指示に従いましょう。

効率のよい食べ方は？

温泉卵のような半熟状態で食べると、生よりも消化がよく、加熱で栄養が壊れることも少ないので、効率のよい食べ方と言えます。白身と黄身では含まれる栄養素が異なるので、できるだけ一緒にいただきましょう。

卵の規格

パック詰めの卵は農林水産省の規格で、SS〜LLサイズに分けられ、サイズによってラベルの色が異なります。流通が多いのは、MサイズとLサイズ。小さいと殻が固く、大きいと殻が薄くなり割れやすくなるので、ちょうどよいM、Lサイズの流通が多いのです。サイズは規定せず、MS〜LLがランダムに入ったミックス卵として販売される商品もあり、これらは商品ごとにラベルが異なります。

サイズ	重量（鶏卵1個分）	ラベルの色
LL	70g以上〜76g未満	赤
L	64g以上〜70g未満	橙
M	58g以上〜64g未満	緑
MS	52g以上〜58g未満	青
S	46g以上〜52g未満	紫
SS	40g以上〜46g未満	茶

鶏の産卵は
生後140〜160日前後からはじまるよ。
若い鶏であればあるほど、
サイズの小さい卵を産むんだ

卵 大解剖

黄身の色が濃いほうがおいしい?

実は色と味や栄養は、関係ありません。黄身の色は、鶏の飼料によるもの。飼料にパプリカの色素などを加えると、黄身の色も濃くなります。

双子の黄身ってどんなときに産まれるの?

1個の卵に黄身が2つ入っている卵を「二黄卵」と呼びます。二黄卵は、産卵に慣れていない若鶏から産まれることが多い傾向にあります。

知っていると人に教えたくなる、卵の豆知識を紹介!

卵の豆知識

うずらの卵の柄は1羽につき1種類

うずらの卵のまだら模様。これは、うずらによって決まっています。つまり1羽のうずらは、一生同じ模様の卵を産み続けるのです。

ゆで卵と生卵の見分け方

ゆで卵と生卵がわからなくなってしまったら、平らなところでコマのように回してみましょう。ゆで卵は何度も回り、生卵は2〜3回で回転がとまります。

卵をとことん
楽しみたいならコレ！

主材料別INDEX

※ここで紹介する主材料は、卵以外の食材です。

撮影／伏見早織(小社写真部)
デザイン／井寄友香
スタイリング／鈴木亜希子
イラスト／香川尚子
題字、表紙イラスト／小林 晃
校正／株式会社円水社
編集／株式会社スリーシーズン
　　　(花澤靖子、永渕美加子、大友美雪)
編集部／原田敬子

写真協力／トラットリア　ヴェンティノーヴェ

撮影協力(50音順)
　アクアファーム秩父
　イセ食品株式会社
　国立ファーム有限会社
　JA全農たまご株式会社
　日本農産工業株式会社
　有限会社松本ファーム
　株式会社室蘭うずら園

重信初江　しげのぶ・はつえ

料理研究家。服部栄養専門学校調理師科卒業後、織田調理師専門学校で助手として勤務。料理研究家のアシスタントを経て、独立。身近な材料で作る手軽なレシピに定評がある。旅行好きで、世界の料理にもくわしい。著書に『調味料1：1で作れる毎日ごはん』(主婦と生活社)、『「これ、おいしい！」と必ずいわれる大絶賛レシピ』(主婦の友社)などがある。

料理研究家
重信初江の日々仕事
http://shigehatsu.exblog.jp/

はらぺこ スピードレシピ

ぜんぶ 卵レシピ

発行日　2017年12月25日　初版第1刷発行

著者　　重信初江
発行者　井澤豊一郎
発行　　株式会社世界文化社
　　　　〒102-8187　東京都千代田区九段北4-2-29
　　　　電話　03-3262-5118(編集部)
　　　　　　　03-3262-5115(販売部)
印刷・製本　凸版印刷株式会社
DTP製作　株式会社明昌堂